HISTOIRE JUNIORS
collection sous la direction
d'Alain Plessis
Maître-assistant à l'Université de Paris-VIII

MARIE CURIE

texte d'Elisabeth Metzger
illustrations de Pierre Le Guen

chette
bd Saint-Germain 75006 Paris

FRENCH IMMERSION
ALBERNI ELEMENTARY SCHOOL

1867 naissance de Marie Sklodowska

l'enfance

C'est le 7 novembre 1867, dans la vieille ville de Varsovie, que naît la petite « Mania ». Son père, W. Sklodowski, est alors professeur de mathématiques et de **physique** au **gymnase** de la ville ; et sa mère occupe un poste de directrice d'école qu'elle abandonnera pour s'occuper de ses cinq enfants.
Très tôt, la future Marie Curie montre son goût pour l'étude. Elle aime, certes, jouer avec ses frères et sœurs, mais ce qu'elle préfère, c'est écouter les merveilleuses histoires que lui conte « Zozia », sa sœur aînée, ou regarder les mystérieux appareils de physique que possède son père.
La vie, toutefois, n'est pas facile pour cette famille d'intellectuels polonais. La Pologne, depuis de nombreuses années, subit l'oppression de la Russie des **Tsars**. Les autorités reprochent au professeur Sklodowski de ne pas se montrer assez soumis envers ses supérieurs russes. La famille connaît la gêne, et bientôt le malheur : Zozia, la grande sœur, meurt en 1876 et deux ans plus tard, leur mère meurt à son tour.
Les années passent.
Marie termine ses études au lycée. Elle vient de recevoir une médaille d'or et les félicitations de ses professeurs.
Mais que faire alors en Pologne, lorsque l'on est une jeune fille instruite mais pauvre ?

Physique
Science qui étudie les lois de la matière.

Gymnase
Nom utilisé en polonais pour désigner le lycée.

Tsars
On appelle tsars les empereurs qui régnaient autrefois en Russie.

Une maison polonaise à colombage

Le goût de la lecture ➤
Très tôt, Marie découvre le plaisir de la lecture. Assise à côté de sa sœur Zozia, elle l'écoute pendant des heures lire à haute voix de belles et passionnantes histoires.

une jeunesse difficile

Lorsque naît Marie Curie, la Pologne connaît
depuis de nombreuses années la domination étrangère.
Des régiments russes en grande tenue défilent
parfois dans les principales rues de la ville ;
cela affermit le patriotisme du peuple polonais.

L'envahisseur cherche à détruire
tout ce qui représente
la culture polonaise.
On brûle publiquement
les livres écrits en polonais.

Les représailles sont terribles.
Les rebelles sont condamnés
aux travaux forcés en Sibérie,
parfois même pendus au
sommet des remparts de la ville.

dans un pays asservi

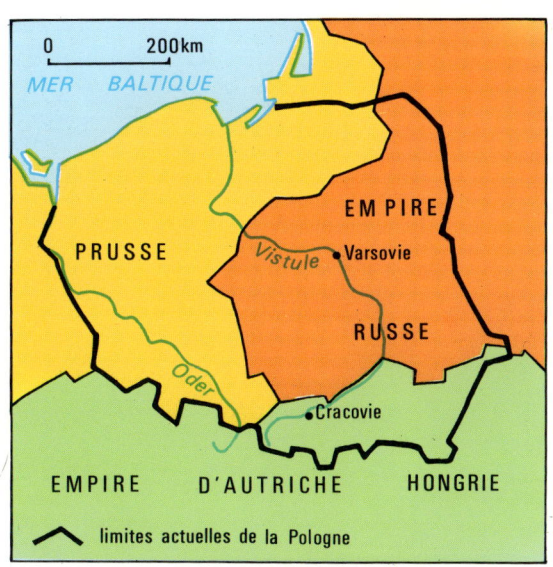

Partagée depuis 1815 entre
la Prusse, l'Autriche et la Russie,
rayée de la carte des nations,
la Pologne n'en reste pas moins
vivante au cœur des Polonais.

Jeunes et vieux résistent.
Des cours clandestins s'organisent.
Marie, devenue institutrice,
donne en cachette des leçons
de polonais à de jeunes paysans.

Les « Universités volantes »
apparaissent. En lutte contre
l'Université russe officielle,
les étudiants cherchent
à sauver la Pologne.

1891 arrivée de Marie à Paris

les études à la Sorbonne

Ayant quitté le lycée, Marie
doit gagner sa vie comme institutrice.
La famille n'est pas riche
et dans ce pays **russifié** où les universités
demeurent totalement fermées aux femmes,
toute autre ambition semble interdite
à la jeune fille. Jusqu'au jour où une chance
s'offre à elle : sa sœur Bronia,
partie faire ses études de médecine à Paris,
lui propose de venir la rejoindre.
Lorsque Marie, âgée de 24 ans,
arrive à Paris en 1891, son premier soin
est de s'inscrire aux cours de physique
et de mathématiques à la **Sorbonne**.
Sa **licence** obtenue trois ans plus tard,
elle continue un travail de recherche
sur les propriétés de certains aciers.
Elle dispose alors du petit laboratoire
de l'un de ses professeurs,
mais ses expériences nécessiteraient
des installations plus spacieuses.
Un professeur polonais de passage à Paris,
auquel elle a confié ses difficultés,
décide de lui présenter un jeune savant.
Peut-être celui-ci aura-t-il un local
à lui proposer.
Et c'est par une belle soirée d'avril 1894
que Marie rencontre Pierre Curie ; rencontre
d'où naît aussitôt une grande amitié.
Pierre met à la disposition de Marie
le laboratoire de l'École de Physique
où il enseigne, et tous deux partagent
bientôt projets et ambitions scientifiques.

Russifié
Un pays russifié est un pays auquel on a imposé la Russie pour modèle.

Sorbonne
Première université parisienne, fondée au temps de saint Louis.

Licence
Diplôme qui récompense trois années réussies à l'Université.

Un bloc d'uranium

La rencontre de Pierre et de Marie
C'est dans une petite pension de famille où ils avaient été invités à prendre le thé par le professeur Kowalski que Pierre et Marie se rencontrent pour la première fois.

1895 mariage de Marie et de Pierre Curie

le début d'une grande aventure

C'est d'une façon à la fois simple et originale que Marie Sklodowska va devenir Marie Curie.
Un matin de juillet 1895, Pierre est allé chercher Marie chez elle ; celle-ci a revêtu pour la circonstance un tailleur neuf de laine bleue. Tous deux prennent l'**omnibus** puis le train jusqu'à Sceaux.
Dans le jardin du père de Pierre, les attendent quelques parents et amis ; et en cadeau de noces deux bicyclettes sur lesquelles ils partent au lendemain de leur mariage pour un joli voyage en **Ile-de-France**. De retour de voyage, Pierre et Marie reprennent leurs recherches. Marie partage son temps entre le laboratoire, le ménage et la Sorbonne.
Elle n'en est pas moins reçue première à l'**agrégation** de physique. Un jour, feuilletant une revue scientifique, Marie prend connaissance des observations faites par un physicien français, **Henri Becquerel**. Celui-ci vient de constater l'existence dans l'**uranium** de mystérieux rayons dont la nature et l'origine restent encore inexpliquées.
Marie décide alors d'orienter ses propres travaux dans cette voie.
L'une des plus grandes aventures de la recherche scientifique allait commencer...

Omnibus
Voiture publique qui, avant d'être motorisée, était tirée par des chevaux.

Ile-de-France
Province qui entoure Paris.

Agrégation
Concours difficile par lequel sont recrutés les professeurs.

Henri Becquerel (1852-1908)
Ce physicien français découvrit en 1896 la radioactivité de l'uranium.

Uranium
Métal gris et dur.

Un omnibus à traction animale

Le départ à bicyclette ➡
Deux belles bicyclettes neuves ont été offertes à Pierre et Marie en cadeau de mariage. Ils s'en servent aussitôt pour partir en voyage de noces.

1898 les premières découvertes

un élément nouveau

Marie constate bientôt que ces rayonnements possèdent des propriétés particulières.
Elle appelle **radioactivité** ce phénomène.
Elle examine ensuite les **composés** de l'uranium. Comme prévu, leur radioactivité varie selon la quantité d'uranium qu'ils contiennent. Mais voici qu'un de ces **minerais,** la pechblende, présente une radioactivité anormale, très forte
par rapport à son contenu d'uranium.
Y aurait-il donc dans la pechblende
une substance inconnue radioactive ?
Pierre participe maintenant aux recherches de sa femme ; et un jour de juillet 1898, ils ont enfin la certitude qu'un « élément nouveau » qu'ils décident d'appeler
« radium » existe dans le minerai.
Mais encore faut-il prouver l'existence
de ce corps inconnu et pour cela l'**isoler**.
Entreprise difficile car le radium existe dans la pechblende en si petites quantités qu'il faudrait traiter pour cela beaucoup
de minerai. Or celui-ci coûte cher.
Comment l'acheter et où le traiter ?
Par bonheur, l'intervention d'un savant autrichien amène le gouvernement
de ce pays à faire envoyer
une tonne de pechblende à Pierre et Marie, et le directeur de l'École de Physique
leur abandonne un misérable hangar
situé dans la cour de l'école.

Radioactivité
Propriété que possèdent certains éléments de se transformer, par désintégration, en un autre élément, en émettant des rayonnements.

Composé
Corps formé par le mélange chimique d'un corps simple (par exemple, l'uranium) avec d'autres corps.

Minerai
Roche contenant une forte proportion de minéraux à l'état brut.

Isoler
Séparer.

Portrait d'Henri Becquerel

La livraison de la pechblende
Un matin d'avril 1899, une voiture traînée par quatre chevaux s'arrête devant la porte de l'École de Physique. Pierre et Marie, prévenus aussitôt, accourent pour prendre la livraison.

1902 le traitement du minerai

une recherche laborieuse

C'est alors que commence la longue et difficile entreprise d'isolation du radium. Les deux savants se sont partagé la tâche. Pierre a gardé la partie la plus **théorique** de la recherche : il étudie les propriétés physiques du rayonnement ; c'est à Marie que revient la dure besogne : la partie chimique du travail.
Pendant des mois, elle va traiter des kilos et des kilos de pechblende, ne s'interrompant que pour s'occuper de sa fille, Irène, qui vient de naître en septembre 1897. Des heures durant, avec une barre de fer, elle doit remuer parfois jusqu'à vingt kilos de **minerai en fusion,** verser ensuite d'un récipient à l'autre les liquides bouillants. Ceux-ci dégagent des vapeurs suffocantes, et Marie doit souvent travailler les fenêtres grandes ouvertes quand le temps ne lui permet pas de le faire dans la cour. L'hiver, ce n'est guère possible et il fait alors un froid glacial dans le hangar en planches, au sol de terre battue ; le toit vitré protège mal toutes leurs installations et le poêle chauffe à peine. Ce sont là des conditions bien **rudimentaires** pour des recherches qui exigent une telle précision ; mais Pierre et Marie ne se laissent pas décourager. Jour après jour, la matière leur dévoile un à un ses secrets.

Théorique
Abstraite.

Minerai en fusion
Le minerai fond et devient liquide sous l'action d'une forte chaleur.

Rudimentaires
Insuffisantes.

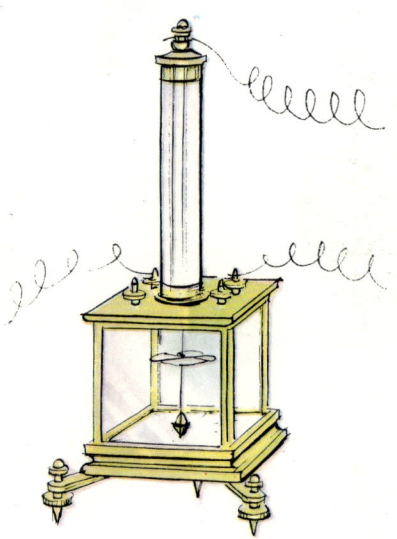

Un électromètre destiné à suivre l'élément radioactif dans sa transformation

Le traitement du minerai
Marie se charge du travail le plus pénible, remuant pendant des heures dans de grosses cuves en fonte la masse brunâtre en ébullition.

1902 Marie réussit la séparation chimique

une lumière bleue dans l'obscurité

Enfin, au bout de presque quatre années d'efforts et de difficultés, Marie réussit à obtenir, au début de 1902, un **décigramme** de radium pur. Le métal inconnu est là, tout blanc, devant elle. Elle peut à présent voir ce qu'elle a si longtemps cherché. Le radium est encore plus « beau » qu'elle n'aurait pu l'imaginer : le soir de cette découverte, en effet, Pierre et Marie ont regagné leur laboratoire. Ils entrent. Il fait presque nuit noire dans le hangar. Seule, une faible lueur au fond de la pièce, une lueur bleue presque violette, semble flotter dans l'obscurité. Et c'est alors que s'étant approchés, rendus muets par l'émotion et la stupeur, tous deux découvrent la merveilleuse apparence, irréelle, féerique, que prend dans la nuit le lumineux métal hier encore caché dans la pechblende. Mais ce n'est pas tout. Le radium possède d'autres propriétés tout aussi étonnantes. Il émet de la chaleur, des gaz et des rayonnements ; il transmet son activité à ce qu'il touche : métaux, poussières ou vêtements deviennent radioactifs et même **phosphorescents** à son contact. Enfin, fait insolite, il se détruit lui-même. Et les savants, qui croyaient en l'**inertie de la matière**, commencent à douter de leurs anciennes certitudes.

Décigramme
Il faut dix décigrammes pour faire un gramme.

Phosphorescent
Se dit de quelque chose qui émet de la lumière dans l'obscurité sans dégager de chaleur, par exemple, le ver luisant.

Inertie de la matière
Idée selon laquelle la matière est inerte, inactive et ne peut donc se transformer d'elle-même.

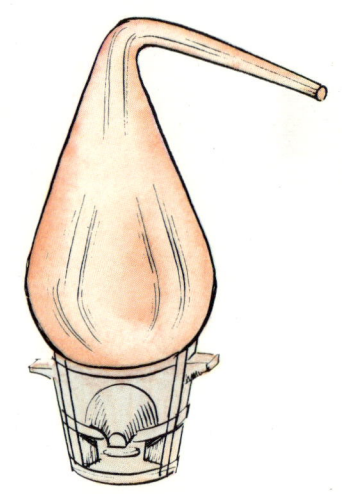

Une cornue

La lumière bleue
Le radium possède la propriété d'émettre de la lumière dans l'obscurité, et Pierre et Marie ne se lassent pas de la regarder briller.

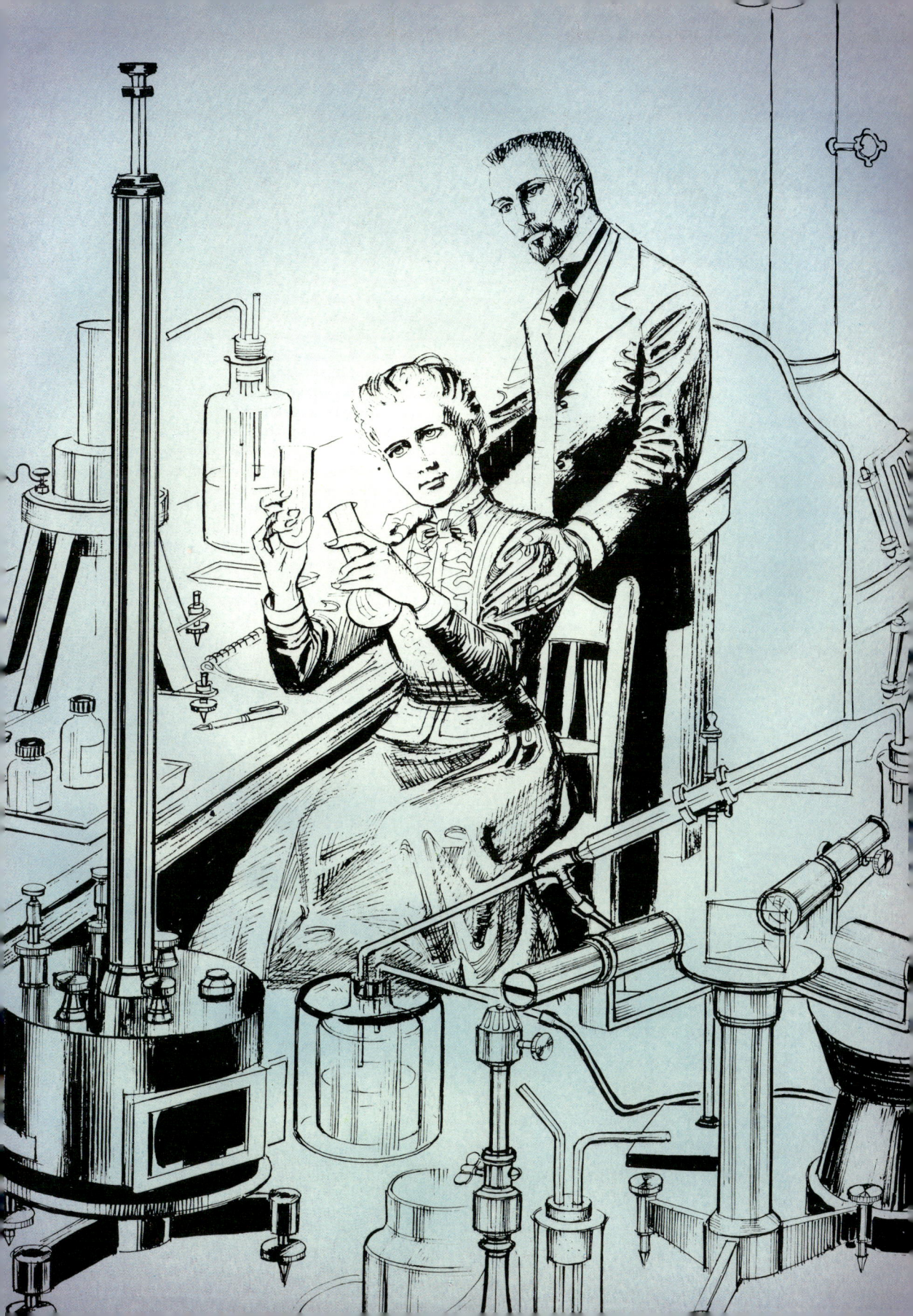

1903 prix Nobel de physique

célébrité et simplicité

Dans les années suivantes, naît une science nouvelle. Les applications de la découverte du radium sont innombrables. Des médecins, étudiant les effets des rayons sur des animaux malades, parviennent à guérir certaines formes de **cancer** ; on isole des corps nouveaux et on propose des théories inédites sur la transformation de la matière. Le 10 décembre 1903, on apprend que l'Académie des sciences de Stockholm a décidé d'accorder le **prix Nobel** à Henri Becquerel ainsi qu'à Pierre et Marie Curie pour leurs travaux sur la radioactivité. Du jour au lendemain c'est la gloire : invitations et lettres de félicitations arrivent du monde entier ; Marie voudrait se reposer et consacrer plus de temps à ses deux enfants — une deuxième fille, Ève, naît en 1904 —, mais dîners, tournées et conférences ne lui en laissent guère la possibilité. Le 6 juin 1904 a lieu la remise du prix Nobel à Stockholm ; là, devant les savants assemblés, Pierre évoque leur recherche commune et les conséquences de leur découverte. A leur retour, cependant, la gloire n'a rien changé. Pierre et Marie ont repris la vie très simple d'autrefois. Tous deux se sont remis au travail, réservant leurs loisirs à leurs enfants et à leurs longues et coutumières promenades en forêt.

Cancer
Maladie grave qui résulte d'un développement anormal de certaines cellules de l'organisme.

Prix Nobel
Prix que le Suédois Alfred Nobel institua en 1896 pour récompenser chaque année des œuvres marquantes en physique, chimie, médecine, littérature, ou des actions en faveur de la paix.

Alfred Nobel

Promenade en forêt
Pierre et Marie firent souvent de longues promenades en forêt. Tous deux aimaient beaucoup la marche et ils communiquèrent ce goût à leurs enfants.

1906 mort de Pierre Curie

la première femme enseigne à la Sorbonne

Et puis, tout à coup, c'est le drame : le 19 avril 1906, Pierre trouve la mort, victime d'un accident de la rue. Il n'a pas vu arriver sur lui une voiture à cheval. Lorsque Marie apprend la nouvelle, elle est anéantie. Pierre était non seulement son mari mais aussi son compagnon de travail. Pourra-t-elle achever seule la lourde tâche entreprise en commun ? Marie décide de continuer. D'autant qu'on lui demande aussitôt de poursuivre le cours de physique générale qu'avait commencé Pierre à la **faculté** des sciences. C'est là une proposition particulièrement remarquable, aucune femme n'étant alors professeur dans l'enseignement supérieur. Marie accepte, consciente que sa mission n'est pas terminée, et le 5 novembre 1906, une femme parle pour la première fois dans l'**amphithéâtre** de la Sorbonne. Aucun mot d'introduction, aucun discours à l'adresse du public nombreux et curieux venu là pour l'entendre. Dans le silence qui succède aux applaudissements qui viennent de l'accueillir, Marie, debout, très pâle mais d'une voix forte, reprend le cours de son mari à l'endroit même où celui-ci l'avait laissé.

Faculté
Une université est divisée en plusieurs facultés selon les disciplines enseignées : les Lettres, les Sciences, le Droit et la Médecine.

Amphithéâtre
Grande salle garnie de gradins où les professeurs d'université font leurs cours devant les étudiants.

Le premier cours à la Sorbonne
Devant une foule nombreuse composée non seulement d'étudiants mais de curieux et de journalistes, Marie reprend le cours de Pierre. C'est la première fois en France qu'une femme enseigne dans une université.

1911 prix Nobel de chimie

l'épreuve de la maladie

Restée seule, Marie s'est remise à la tâche. Ses travaux avancent et, une nouvelle fois, aboutissent.
En 1911, le radium métallique est considéré comme définitivement isolé. La récompense lui parvient aussitôt, tout à fait exceptionnelle : pour la deuxième fois, en effet, l'Académie des sciences de Stockholm décide de lui accorder le prix Nobel. Hélas, au même moment, Marie doit être hospitalisée d'urgence. Tout le monde ignore encore les redoutables conséquences des radiations auxquelles l'expose son incessant travail ; et les médecins se penchent en vain sur le mal mystérieux qui commence à l'atteindre.
Après une longue **convalescence,** Marie regagne Paris. Elle entreprend alors de longues et fatigantes démarches pour obtenir l'autorisation de construire un Institut du Radium, ce laboratoire dont Pierre avait tant rêvé et dont elle commence les plans aussitôt la permission accordée. L'année suivante, elle prend des vacances dans l'Engadine avec sa fille Irène. Marie aime la montagne et elle retrouve dans cette haute vallée des Alpes suisses la joie de la marche. Un jeune savant les accompagne, qui deviendra l'une des grandes figures de la science contemporaine :
Albert **Einstein.**

Convalescence
Période de rétablissement après une maladie.

Einstein (1879-1955)
Ce grand physicien, né en Allemagne, naturalisé américain en 1940, est surtout connu pour ses recherches sur l'atome : il est l'inventeur de la théorie de la relativité.

Albert Einstein

Vacances en Suisse
En 1913, Marie prend quelques jours de vacances en Suisse. Elle y retrouve Albert Einstein et les plaisirs de la montagne.

1914-1918 la guerre

les voitures radiologiques

Sitôt rentrée de vacances,
Marie reprend ses activités.
La construction de l'Institut du Radium
est maintenant bien avancée et
le rêve de Pierre n'est plus très loin
de se réaliser. Mais l'année 1914 arrive...
et la guerre qui vient tout interrompre.
Très vite, les hôpitaux se remplissent
et Marie comprend qu'elle a un rôle
à jouer. L'une des applications
de la découverte du radium,
la **radiographie,** est encore mal connue ;
elle décide de la mettre au service
des armées. Elle obtient l'autorisation,
avec l'aide d'une association de femmes,
d'équiper d'appareils de radiographie
les automobiles que lui prêtent des amis,
et, aussitôt, elle part examiner
les blessés évacués des champs de bataille.
D'hôpital en hôpital,
les voitures sillonnent le front.
Marie enseigne la **radiologie** aux médecins
et infirmières de plus en plus nombreux
qui l'accompagnent.
Irène, sa fille, la suit maintenant
et l'aide à organiser des équipes fixes
dans les hôpitaux.
Puis vient l'armistice et pour Marie
une double raison de se réjouir :
la paix revenue apporte en effet
ce qu'elle n'a jamais cessé d'espérer,
l'indépendance de la Pologne.

Radiographie
Photographie de la structure interne d'un corps traversé par des rayons X. On examine ainsi les poumons.

Radiologie
Science traitant de l'étude et des applications, en médecine notamment, de diverses radiations.

Les voitures radiologiques
Marie transforme les voitures prêtées par quelques amis en ambulances, grâce auxquelles pourront être radiographiés les blessés évacués des champs de bataille.

1921 Marie aux États-Unis

l'ovation des Etats-Unis

Ovation
Acclamation de la foule.

Marie dirige à présent l'Institut du Radium. La gloire, pas plus que la maladie qui la ronge — ses yeux sont atteints —, n'arrive à la distraire de son travail. Son nom est connu dans le monde entier. Un jour de mai 1920, arrive dans son bureau une journaliste américaine. Marie répond à ses questions. Elle parle de ses recherches, du gramme de radium dont elle aurait besoin pour poursuivre l'œuvre commencée ; celui-ci, trop coûteux, ne saurait d'ailleurs être produit qu'à l'échelon industriel.
« Le gramme de radium qu'il vous faudrait, les femmes américaines vous l'offriront », affirme la journaliste, enthousiaste.
Un an plus tard, Marie et ses deux filles arrivent à New York à bord de l'*Olympic*. La promesse a été tenue. Une vaste campagne a été lancée à travers le pays à l'initiative des associations féminines pour offrir à Marie Curie le gramme de radium que doit lui remettre le président des États-Unis, W. Harding. Lorsque Marie arrive à New York, les quais sont noirs de monde, et ce sera dans toutes les villes américaines le même accueil triomphal.
De ce voyage à travers la gloire, Marie cependant n'a retenu qu'une seule chose : l'idée que son nom pouvait être mis au service de la science et de la paix.

Un appareil photographique de l'époque

L'arrivée à New York
Lorsque Marie arrive à New York à bord de l'Olympic, une foule nombreuse est là pour l'accueillir. Parmi celle-ci, les représentantes des associations féminines qui ont participé à la campagne organisée en sa faveur.

1934 mort de Marie Curie

la fin d'un grand voyage

C'est bien en tant qu'**ambassadrice** de la science et de la paix que Marie repart en 1929 pour les États-Unis. Elle va y chercher un nouveau gramme de radium. Le geste accompli des années plus tôt, Marie le renouvelle aujourd'hui pour la Pologne, ce pays qu'elle n'a jamais oublié et qu'elle voudrait doter d'un Institut du Radium semblable à celui qu'elle a fondé à Paris. Le peuple polonais tout entier participe à l'entreprise, et, lorsqu'en 1932, Marie peut enfin inaugurer à Varsovie l'Institut achevé, c'est un peu son rêve de petite fille qu'elle réalise, celui, resté vivace en elle après tant d'années, de faire un jour un grand geste pour sa patrie oubliée.
Mais l'enfance est loin maintenant. Son souhait accompli, Marie repart pour Paris, quittant pour toujours son pays. Deux ans plus tard, en effet, elle meurt, emportée par ce mal mystérieux qui terrasse tous ceux qui s'exposent longtemps aux rayons du radium.
Au même moment, sa fille et son gendre, **Irène** et Frédéric **Joliot-Curie,** et à leur suite de nombreux savants, élargissaient de leurs propres découvertes le champ immense des ressources offertes à la science par Pierre et Marie Curie.

Ambassadeur (-rice)
A l'étranger, représentant d'un pays ou d'une cause que l'on veut défendre.

Irène Joliot-Curie
Fille de Pierre et Marie Curie. Elle fit avec son mari de nombreuses recherches sur la structure de l'atome. Leurs travaux sur la radioactivité leur valurent le prix Nobel en 1935.

L'inauguration de l'Institut polonais du Radium
A la fin de sa vie, Marie inaugure à Varsovie le nouvel Institut du Radium. Une petite Polonaise qui ressemble à la petite fille qu'elle était, la remercie au nom de son pays.

aujourd'hui, le radium

En découvrant le radium, Pierre et Marie Curie
ont ouvert la voie à une science nouvelle
dans laquelle le monde moderne s'est engagé.
Cette science offre d'immenses possibilités parmi lesquelles
des ressources nouvelles : l'énergie nucléaire.

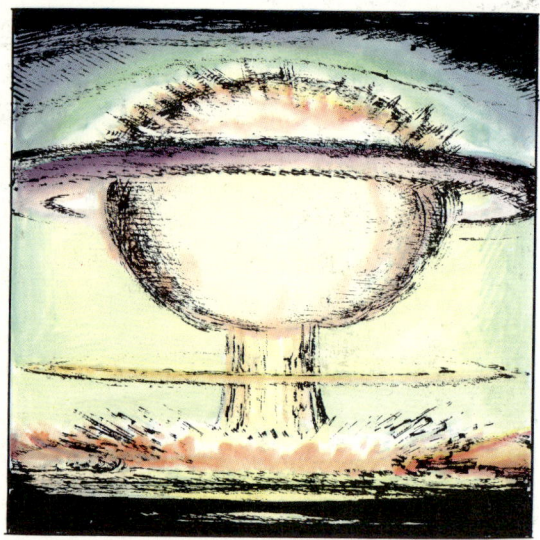

« On peut concevoir que dans
des mains criminelles,
le radium puisse
devenir très dangereux. »
Discours de Pierre Curie.

En cosmologie, l'étude
des rayons sert à évaluer
la distance à laquelle
nous nous trouvons
d'étoiles très éloignées.